編者話

兒童要發展良好的溝通能力，必須具備良好的語言理解能力。語言理解能力是一種複雜的心智運作，包括：聽覺訊息的接收、聽覺記憶、語意及語法理解、短文理解。兒童將所接收到的口語訊息暫存在工作記憶內，並同時將資料處理，這就是將口語符號解碼，成為有意義的意念。縱使兒童具有正常的聽力，語言理解能力亦可能出現問題；他們能明白每個字或簡短句子的意思，但當句子稍為長一點、複雜一點，他們便無法記著所聽到的說話，或分析說話的內容，理解口語便出現種種困難。

為提升兒童的語言理解能力，本會言語治療師編寫了此《幼兒語言理解訓練》（新版），內容適合三至六歲的兒童。本冊主要針對複雜語句的理解，內容包括「理解物件的特徵」、「理解複雜描述」及「理解口頭指示」。理解能力所指的是聆聽說話及明白說話內容的能力。兒童在年幼時，交談的內容並不複雜，需要聆聽的指令也不多。但當兒童漸漸長大，社交的需求漸漸增多時，他們就需要處理較複雜和較長的語句。在學校，越來越多的課堂需要聆聽老師的講解，如語文科、數學科，而課堂的形式亦開始着重討論和進行合作計劃等，種種的形式均要求兒童有歸納式的語言及分析能力。換言之，兒童對複雜語句的理解能力需與日俱增，才能應付學習上的需求。

此外，家長亦可以與子女在家重溫這些練習，這不但能鞏固子女的語言理解能力，亦能共度一段愉快的親子時間。期望透過不同及有趣的練習，提升兒童的語言理解能力。

協康會言語治療師團隊

協康會 HEEP HONG SOCIETY 簡介

協康會創立於1963年，是香港最具規模的兒童教育及康復機構之一，致力幫助不同能力的兒童及青年盡展潛能，提升家庭能量，共同締造平等融和的社會。

協康會的專業團隊，包括：心理學家、言語治療師、物理治療師、職業治療師、護士、社工及幼兒教師透過多個服務單位、到校支援主流中小學和幼稚園，每年服務超過23,000名兒童、青年及家長。本會積極推出嶄新服務，同時研發「實證為本」的教育和訓練模式，通過研究、培訓、出版及多元教育工具，推動大中華區融合教育及康復服務的發展。

我們的抱負

協康會走在服務前端，為不同能力的兒童及青年創建美好明天。

我們的使命

啟發個人潛能、提升家庭能量、促進社會共融。

70+
服務單位

1,400+
人團隊

每年支援
23,000+
兒童、青年
及家長

服務對象

學前兒童

中小學生

青年

家庭

康復及教育界人士

服務簡介

早期教育及訓練

透過專業指導，早期教育及訓練中心為初生至六歲發展有障礙的幼兒提供每星期一至兩次的訓練和支援服務，並教導家長掌握有關照顧和啟導幼兒的技巧，充份發揮幼兒潛能。

查詢 : +852 2776 3111

更多詳情 More Details

特殊幼兒服務

特殊幼兒中心透過每星期五天全日制的密集式訓練和照顧，協助二至六歲有特殊需要兒童發展潛能，為他們未來的學習和發展奠定良好基礎。

查詢 : +852 2776 3111

更多詳情 More Details

幼兒服務

本會轄下的幼稚園及幼兒園為兒童提供理想學習環境及優質學前教育，助他們建立德、智、體、群、美方面的全人發展，並培養兒童的創意思維、探索和解難能力，為日後學習奠下穩固的基礎，讓兒童健康愉快地成長。

康苗幼兒園

查詢 : +852 2786 2990

更多詳情 More Details

協康會上海總會 康苗幼稚園

查詢 : +852 3705 2251

更多詳情 More Details

青年成長及職訓服務

為自閉症、專注力不足 / 過度活躍症和特殊學習困難青年提供全面支援，包括職能評估、職場實習、就業支援等課程及訓練，提升學員的職場技巧和獨立能力，讓他們發揮所長，融入社群。

查詢：+852 3956 4651

更多詳情
More Details

到校支援服務

專業團隊為幼稚園、小學及中學內有特殊需要的學生提供到校評估、訓練和治療；同時透過家長講座及輔導、教師培訓和學校支援工作，全方位協助學童融入校園生活，健康成長。

查詢：+852 2776 3111

更多詳情
More Details

青蔥計劃支援服務

青蔥計劃為不同能力的初生至中學階段兒童及青年，提供多元化的專業支援服務，讓家長在政府和私營服務以外，有多一個優質的服務選擇。計劃不受政府資助，以自負盈虧模式運作。

服務內容：

本會專業團隊具備豐富訓練和治療知識及臨床經驗，能按兒童及青年的需要提供適切而全面的個別評估及訓練，包括：心理服務、言語治療、職業治療、物理治療、社工服務及幼兒導師訓練等。另外，亦會提供小組訓練及活動，以及家長支援及社區教育服務。

查詢：+852 2393 7555　　網址：slp.heephong.org

更多詳情 More Details

家長支援服務

轄下各中心以及家長資源中心為家長提供全面的支援服務，協助他們解決在培育有特殊需要子女上所遇到的困難和問題，提高育兒技巧及對孩子的需要的認識，同時建立家長彼此間的互助與支持，從而紓解親職壓力。

查詢：+852 2776 3111

更多詳情 More Details

專業培訓服務

APED
Academy for Professional Education and Development
專業教育及發展學會

透過專業教育及發展學會(APED)，為教育及康復界人士和家長提供專業培訓，提升他們對兒童成長及學習方面的認識。同時更為內地、澳門及台灣相關機構舉辦交流及專業訓練課程，促進兩岸四地教育及康復服務的發展。

查詢：+852 2784 7700
網址：aped.heephong.org

更多詳情
More Details

研究及出版

致力研究及開發實證為本的訓練模式，並透過出版書籍及製作電子教材，與業界分享在教育和康復服務的經驗及成果，藉以提升行業整體質素。

協康會網上商店
Online Shop
網址: eshop.heephong.org

購買書籍
Purchase Now

目錄

理解物件的特徵

訓練目標：

1. 提升兒童的聽覺記憶能力
2. 建立兒童的語言理解能力
3. 提升兒童歸納式的語言思考能力

使用方法：

成人讀出題目，然後兒童根據物件所屬類別及特徵等條件，從圖畫中挑選出正確的答案，答案可能多於一個。若兒童挑選了其他的物件，又能合理地解釋，如：在「會發聲的電器」習題中挑選了電風扇，並解釋「風扇吹出來的風是呼呼聲的」，成人也可接受該答案及給予讚賞。

提示方法：

1. 若兒童未能理解形容語，如「長的」、「圓的」，便應先進行這方面的訓練。
2. 若兒童未能圈出正確的答案，可協助兒童按其中一項條件篩選出可能的物件，然後再按第二項條件，從已選出的物件中找出正確的答案。例如在「紅色的蔬菜」習題中，兒童可先選出所有「蔬菜」，然後再找出「紅色」的一個。

其他活動建議：

1. 成人可以從習題內的其他圖畫中自行選定一個物件，然後按照習題的形式描述該物件，再讓兒童圈出來。
2. 玩「接龍」遊戲，先訂下一個包括兩項條件的題目，如：「圓形的食物」，然後與兒童輪流列舉有關的物件，看看誰能列出較多的物件。
3. 購物時，成人可描述物件的特徵及類別，然後指示兒童找出來，如：「媽媽想買一種黃色的水果，你可以找它出來嗎？」

紅色的蔬菜

哪一個是紅色的蔬菜呢？請圈出正確的答案。

長形的文具

哪一種是長形的文具呢？請圈出正確的答案。

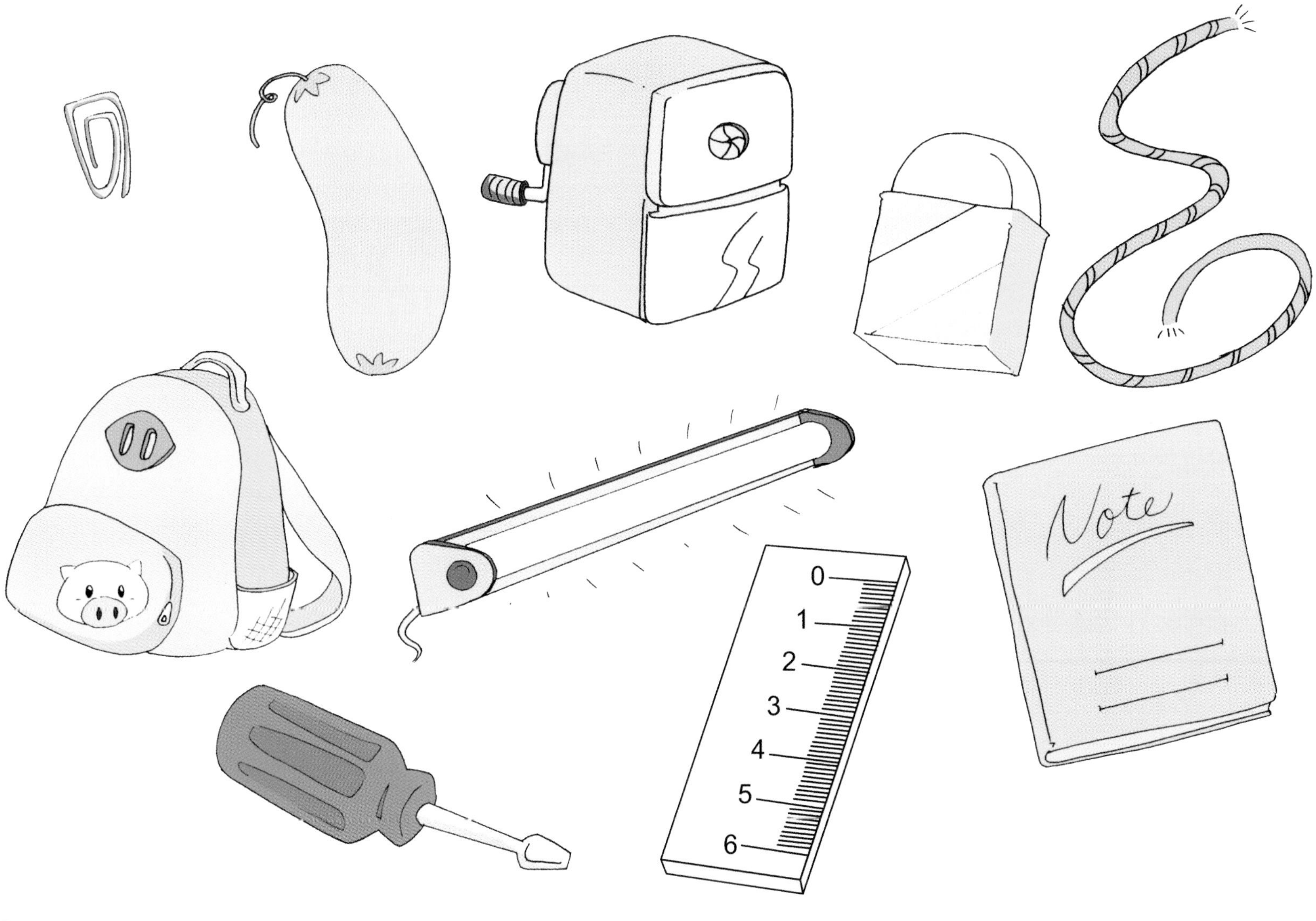

有兩隻腳但不會飛的動物

哪一種動物有兩隻腳，但不會飛的呢？請圈出正確的答案。

會發聲的電器

哪一種電器是會發聲的呢？請圈出正確的答案。

可以用來盛水的日用品

哪些日用品可以用來盛水呢？請圈出正確的答案。

既是圓形又是綠色的水果

哪些水果既是圓形又是綠色的呢？請圈出正確的答案。

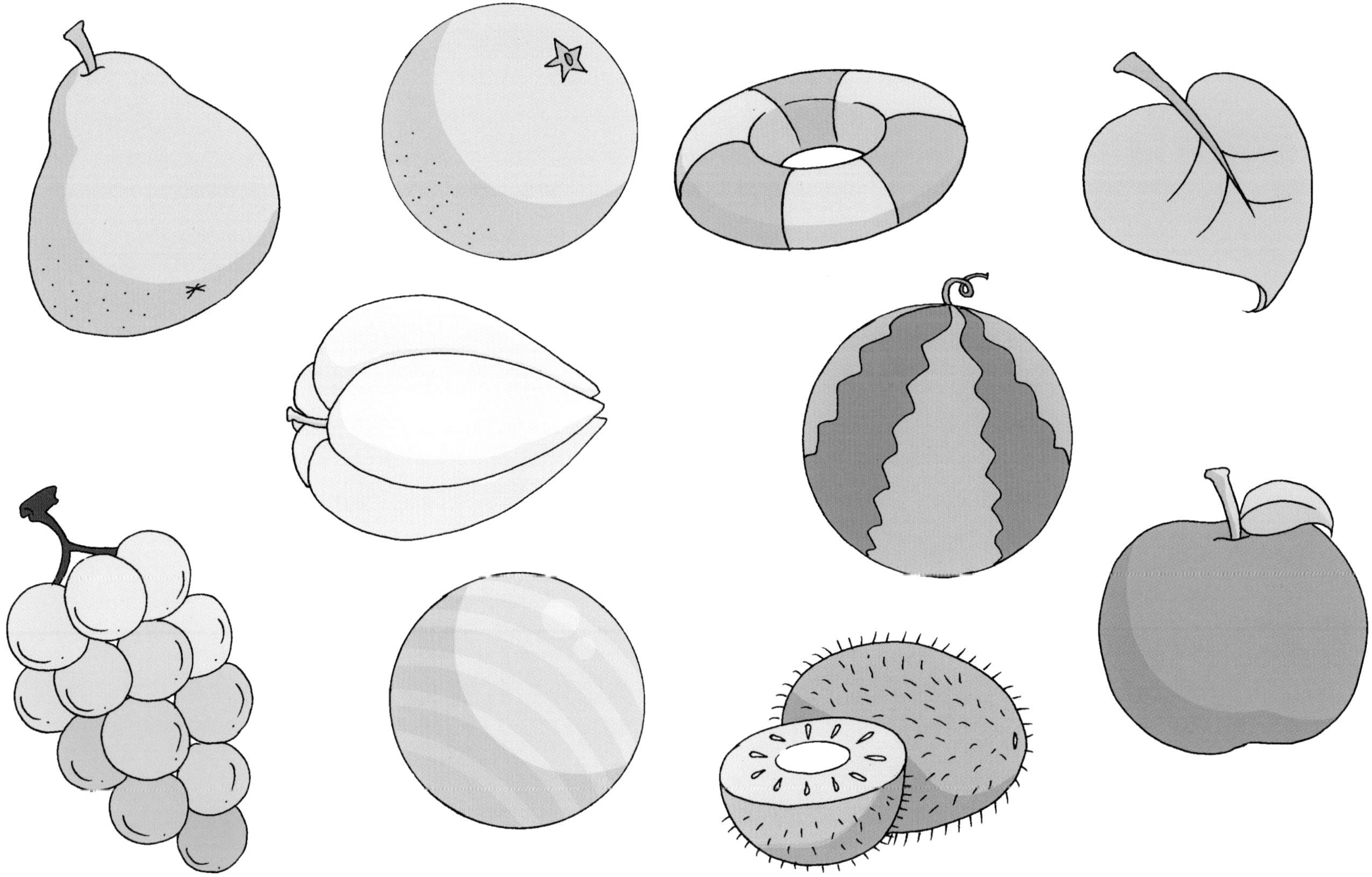

理解複雜描述

訓練目標：

1. 提升兒童的語言理解能力
2. 提升兒童處理語言資料的能力
3. 提升兒童歸納式的語言思考能力

使用方法：

成人讀出題目，兒童需根據有關的描述選出正確的答案（答案只有一個）。

提示方法：

1. 若兒童未能理解一些詞彙，如：位置詞、形容詞，便應先進行這方面的訓練。
2. 若兒童未能一次過處理所有資料來圈出正確答案，可用以下的提示方式協助兒童完成：
   - 協助兒童按其中一項條件篩選出可能的答案，然後按第二項、第三項描述，從已選出的項目中找出正確的答案。例如在「小熊」習題中，兒童可先選出所有「戴帽」的小熊，然後按「矮」及「喝汽水」的描述找出正確的答案。
   - 成人一邊讀出題目，一邊指著圖畫中相關的部份，來引起兒童注意那些有區分性的詞彙。

其他活動建議：

1. 成人可以從習題內的其他圖畫中選定另一個物件，然後按照習題的形式作描述，再讓兒童圈出來。
2. 成人把數件物品藏在兩個地方，如不同顏色和外型的車子，放在椅子和枱的上或下面，然後請兒童找出指定的一件，如：「在椅子下面拿大火車」。
3. 與兒童一起看照片，然後要求兒童指出成人所描述的人物，如：「哪個戴帽的小男孩正在站着?」

小熊

有一隻戴着帽子、個子矮小的小熊正在喝汽水，請你把牠圈出來。

汽車

有一輛黃色單層的汽車，車牌有「3」字，請你把它圈出來。

白兔

有兩隻白兔躲在書櫃後面，你找到牠們嗎？請你把牠們圈出來。

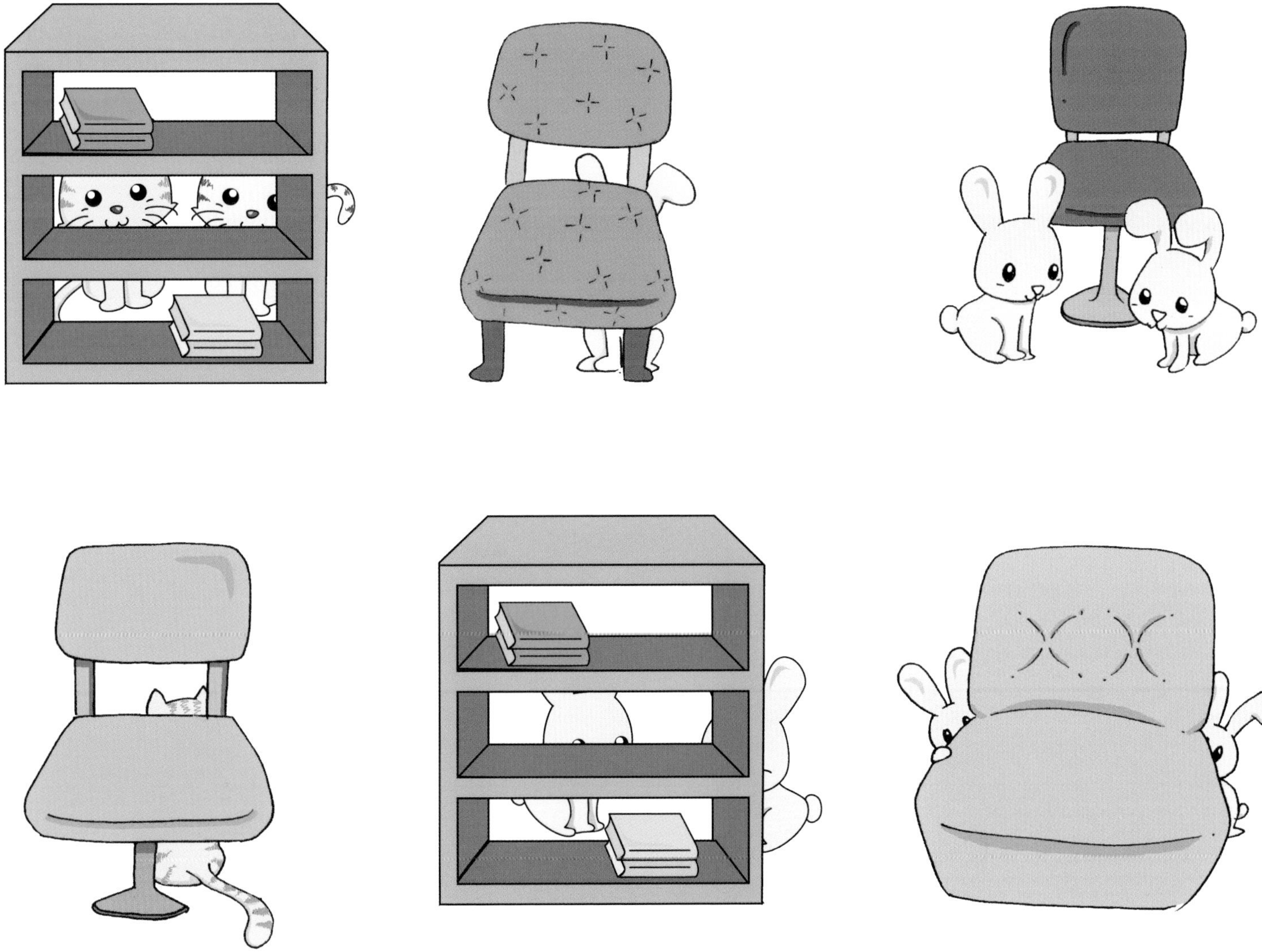

快餐店套餐

媽媽買的套餐有兩個漢堡包、三杯雪糕和一杯汽水，請你把它圈出來。

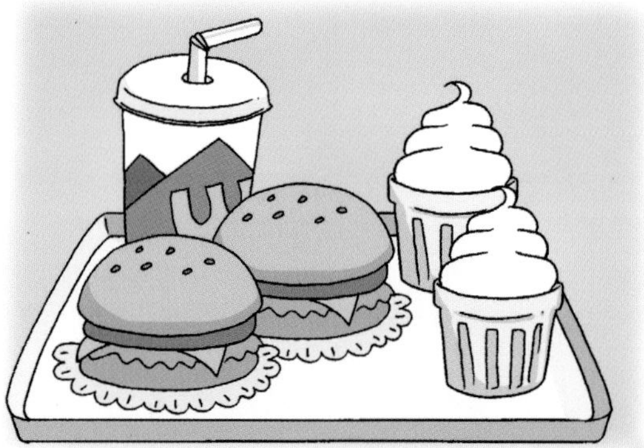

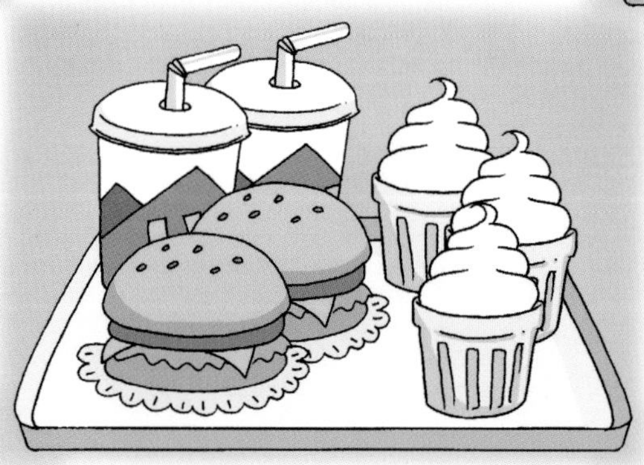

慧慧的爸爸

慧慧的爸爸是沒有頭髮的，他拿着兩本厚厚的書和一把雨傘，請你把他圈出來。

理解口頭指示

訓練目標：

1. 提升兒童理解複雜句子的能力
2. 提升兒童處理語言資料的能力

使用方法：

成人讀出書側邊顏色格內的指示來要求兒童完成習題。習題的模式包括填色、繪畫或貼上貼紙。若兒童有一定的閱讀能力，建議成人蓋著顏色格，避免兒童閱讀內容。

提示方法：

若兒童未能一次過完成整個習題，可用以下的提示方式協助兒童完成：

1. 成人可重複讀出題目，然後指示兒童繼續完成習題。
2. 成人可以一邊讀出題目，一邊指著圖畫中相關的部份，來引起兒童注意那些有區分性的詞彙。

其他活動建議：

1. 可利用同一頁的習題圖畫，變化一下題目內所提及的數量、顏色或位置，如：「在粉紅色氣球上畫兩粒星星」。
2. 成人先預備兩份相同的積木（約4-5塊不同顏色的積木），並用物件阻隔兒童的視線，然後成人用自己一份積木砌成一個模型，並加以描述，讓兒童按描述做出一個相同的模型。
3. 成人與兒童利用貼紙進行遊戲，成人說出含有數量、顏色或位置等的指令，如：「請你貼三粒黃色星星在媽媽的褲子上。」然後請兒童貼上貼紙。

整理房間

請替媽媽整理房間。

☆ 請小朋友按指示把物件貼在圖畫中（見附頁貼紙1）：

1. 貼兩個枕頭在睡床上面。
2. 貼一個皮球在椅子下面。
3. 貼兩本書在椅子上面。
4. 貼三個皮球在睡床旁邊。
5. 貼一件衣服在睡床上面，兩件衣服在衣櫃裏面。
6. 不要把骯髒的拖鞋放在床上面或衣櫃裏，那麼可以放在哪裏呢？

愛美的大象姐姐

大象姐姐很愛美，請小朋友替牠打扮一番。

☆請小朋友按指示替大象打扮：

1. 在大象的尾巴上畫一個蝴蝶結。
2. 在大象的頭上畫一頂很高的帽子。
3. 畫一杯雪糕在大象的嘴邊給牠吃。
4. 今天是雨天，畫一些雲和雨在天空上。
5. 將大象其中兩隻腳趾甲塗上紅色，另外兩隻腳趾甲塗上綠色。

小蝴蝶採花蜜

小蝴蝶正在採花蜜，請小朋友按指示填上顏色。

☆ 請小朋友按指示完成圖畫：

1. 將飛到花朵下面的蝴蝶塗上藍色。
2. 將沒有採花蜜的蝴蝶圈出來。
3. 畫一條線把兩片樹葉連起來。
4. 將最大的花朵塗上紅色和黃色。
5. 有一隻蝴蝶正在採花蜜，在牠下面畫一條橫線。
6. 將所有未塗顏色的蝴蝶塗上紫色。

茶點時間

茶點時間到了！小朋友要小心地吃茶點啊！

☆ 請小朋友按指示完成圖畫：

1. 把快將吃完的蛋糕圈出來。
2. 有一個小朋友已把橙汁喝完了，把她圈出來。
3. 將未吃過的蛋糕塗上咖啡色。
4. 有一個小朋友正在喝橙汁，把她的頭髮塗上黑色。
5. 哪個女孩的衣服最骯髒呢？將她的頭髮塗上黃色。

可愛的小丑

這四個小丑在馬戲團內表演，請小朋友按指示替他們填上顏色。

☆ 請小朋友按指示完成圖畫：

1. 小丑賓尼拿着最多的氣球，將賓尼的鼻子塗上與香蕉一樣的顏色。
2. 小丑阿祖拿着氣球，而他的衣服是沒有鈕扣的，將他的鼻子塗上紅色。
3. 小丑阿積沒有拿着氣球或花朵，樣子很不高興，將他的帽子塗上紫色。
4. 小丑湯姆不但拿着氣球，還拿着其他東西，將他的帽子塗上綠色。
5. 哪一個小丑的衣服跟其他人所穿的不一樣？將他的鞋和帽子都塗上橙色。

幼兒語言理解訓練（新版）
（適合3-6歲兒童）

1） 趣味記憶訓練
2） 句式理解挑戰站
3） 故事理解擂台

作　　者：協康會
撰　　寫：協康會時任高級言語治療師 賴秀瓊
　　　　　協康會高級言語治療師 阮杏賢
統籌編輯：協康會傳訊部

出　　版：星島出版有限公司
　　　　　香港新界將軍澳工業邨駿昌街七號
　　　　　星島新聞集團大廈
營運總監：梁子文
出版經理：倪凱華
出版統籌：何珊楠
電　　話：(852)2798 2579
電　　郵：publication@singtao.com
網　　址：www.singtaobooks.com
Facebook：www.facebook.com/singtaobooks

發　　行：泛華發行代理有限公司
電　　郵：gccd@singtaonewscorp.com
網　　址：www.gccd.com.hk
Facebook：www.facebook.com/gccd.com.hk

出版日期：2021年7月初版
第二次印刷：2024年6月
定　　價：港幣128元正
國際書號：978-962-348-491-6
承　　印：新藝域印刷製作有限公司

星島出版